6 mai 1909 PN

COLLECTION DE Mme DE V*** Vermeulin

TABLEAUX

Anciens & Modernes

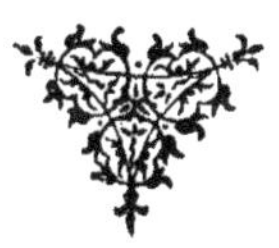

Collection de Mme de V***

TABLEAUX ANCIENS

ET MODERNES

CONDITIONS DE LA VENTE

Elle sera faite au comptant.

Les acquéreurs paieront *dix pour cent* en sus des enchères.

Paris. — Imp. Georges Petit, 12, rue Godot-de-Mauroi. — [illegible]

CATALOGUE

DE

ANCIENS & MODERNES

PAR

BOUCHER, BROUWER, COURBET, VAN DYCK
DE HEEM, HENNER, LARGILLIERRE, Mlle LEDOUX, MAES, MURILLO
NATTIER, POURBUS, TENIERS, WOUVERMANS, ETC.

Composant la

DONT LA VENTE

PAR SUITE DE DATION DE CONSEIL JUDICIAIRE

AURA LIEU

GALERIE GEORGES PETIT

8, RUE DE SÈZE, 8

Le Jeudi 6 Mai 1909, à 3 heures

COMMISSAIRE-PRISEUR	PEINTRE-EXPERT PRÈS LE TRIBUNAL CIVIL
3, boulevard Sebastopol, 3	11, rue [illegible], 11

EXPOSITIONS

PARTICULIÈRE : *Le Mardi 4 Mai 1909, de 10 heures à 6 heures.*
PUBLIQUE : *Le Mercredi 5 Mai 1909, de 10 heures à 6 heures.*

François Boucher attribué

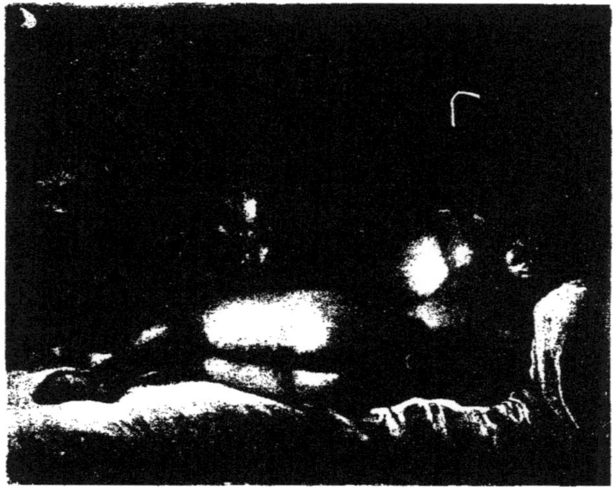

Vénus et l'Amour

Tableaux Anciens

BOUCHER

(Attribué à FRANÇOIS)

1 — *Vénus et l'Amour.*

Sur un lit, la déesse nue est couchée, vue de dos, la jambe droite ployée. De son bras gauche levé, elle cache son visage qui s'éveille, tandis que, apparaissant dans une draperie rouge, un bambino, joufflu et blond, promène des regards curieux et souriants sur tant de beauté innocemment révélée. La jeune femme a ses cheveux blonds relevés et retenus à l'aide d'un ruban, vert paon. A gauche, plus loin que les frondaisons roussies par l'automne, on aperçoit la mer sous un ciel chaud.

Toile. Haut., 36 cent. 1/2; larg., 45 cent.

Nota. — En présence du vernis jaune qui recouvre cette peinture, il nous est impossible de définir d'une façon absolue si cette œuvre est de Boucher; cependant, nous la croyons de son époque. La collection Valton, léguée à l'École nationale des Beaux-Arts, renferme le dessin de la femme seule : l'Amour, le rideau et le paysage n'y figurent pas.

BROUWER

(Attribué à ADRIAEN)

1605-1638

2 — *Le Joyeux compagnon.*

Il est vu jusqu'à mi-corps, de trois quarts à droite, vêtu d'un manteau brun ouvert sur un gilet clair. Ses cheveux châtains débordent en boucles de son grand feutre noir à plumes blanches. Et il rit, de sa large bouche aux dents égales : ses narines se pincent dans le pli gras de ses joues, et ses yeux s'illuminent d'une malice joyeuse.

Panneau. Haut., 47 cent.; larg., 37 cent.

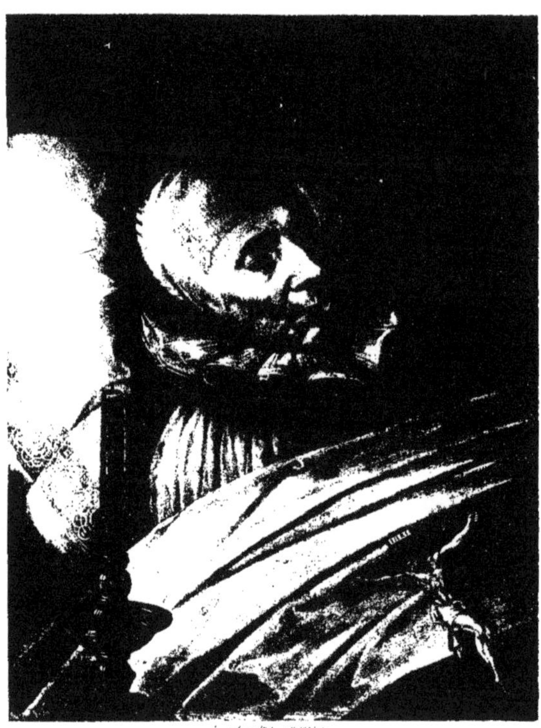

La Mère de l'Abbé sur son lit de mort

DOW

(École de GERARD)

1613-1675

3 — *La Mère de l'artiste sur son lit de mort.*

Elle est couchée, coiffée d'un bonnet de mousseline, garni de dentelles, avec un frontal à petits plis, également garni de dentelles.

Une fraise à tuyautés rigides semble porter sa tête. Son visage reposé a pris un ton éburnéen. L'œil fait bomber les paupières closes au fond de l'arcade sourcillière : les maxillaires soutiennent encore les lèvres qui gardent un beau dessin ferme. Sur le drap qui monte plus haut que la poitrine, on a placé un crucifix ; à gauche, un chandelier de cire.

Signé à droite, en haut : *Anno 1622. G. Dov f.*

Panneau. Haut., [illegible] cent. ; larg., [illegible] cent.

DOW

École de GERARD

4 — *L'Heure calme au foyer.*

Près de la fenêtre, largement éclairée, et qu'amuse une cage où chante un oiseau, les trois êtres qui composent le foyer sont réunis. Le père, qui se repose de son travail manuel, dont on voit au fond les outils accrochés contre le mur, est accoudé sur la table et lit dans un in-folio ouvert devant lui, et auquel un autre volume tient lieu de pupitre. Près de la table, la mère, assise dans un fauteuil, un coussin et un linge sur les genoux, s'est laissée aller à un sommeil béat. Devant elle, dans sa bercelonette, l'enfant est endormi. Au fond, on aperçoit les oreillers du lit enfoui dans une alcôve.

Panneau. Haut., 55 cent.; larg., 41 cent.

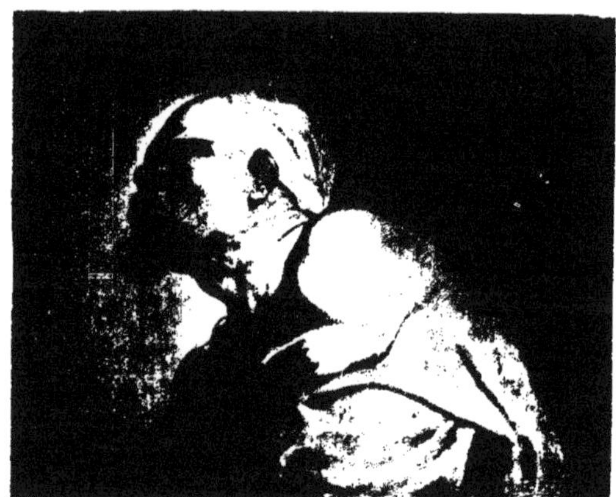

Mendiant

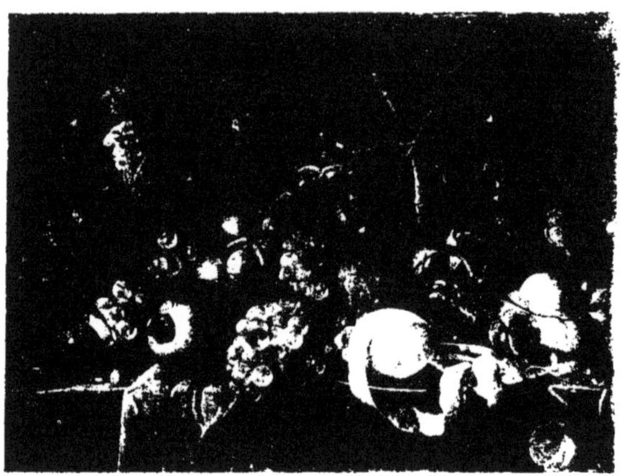

Les Fruits

DYCK

ANTOINE VAN

1599-1640

5 — ***Mendiant***, **tête d'étude pour le tableau de *Saint Martin*.**

Étude jusqu'à mi-corps. L'homme a l'épaule gauche déformée par la longue habitude de la béquille sur laquelle il appuie son pas chancelant. Il tend, de profil à gauche, son masque grimaçant aux veines durcies, aux muscles saillants, aux rides profondes; l'œil, légèrement exorbité, a une intensité torve; le crâne est enserré dans un serre-tête blanc; l'épaule se dégage d'une draperie en loques qui lui sert de manteau.

Toile. Haut., 42 cent.; larg., 52 cent.

ÉCOLE ANGLAISE

6 — *Portrait de femme.*

De trois quarts à gauche, en robe blanche, ceinture bleue et chapeau de feutre.

Toile. Haut., 76 cent.; larg., 64 cent.

ÉCOLE ESPAGNOLE

7 — *Sainte Madeleine.*

Toile. Haut., 55 cent.; larg., 43 cent.

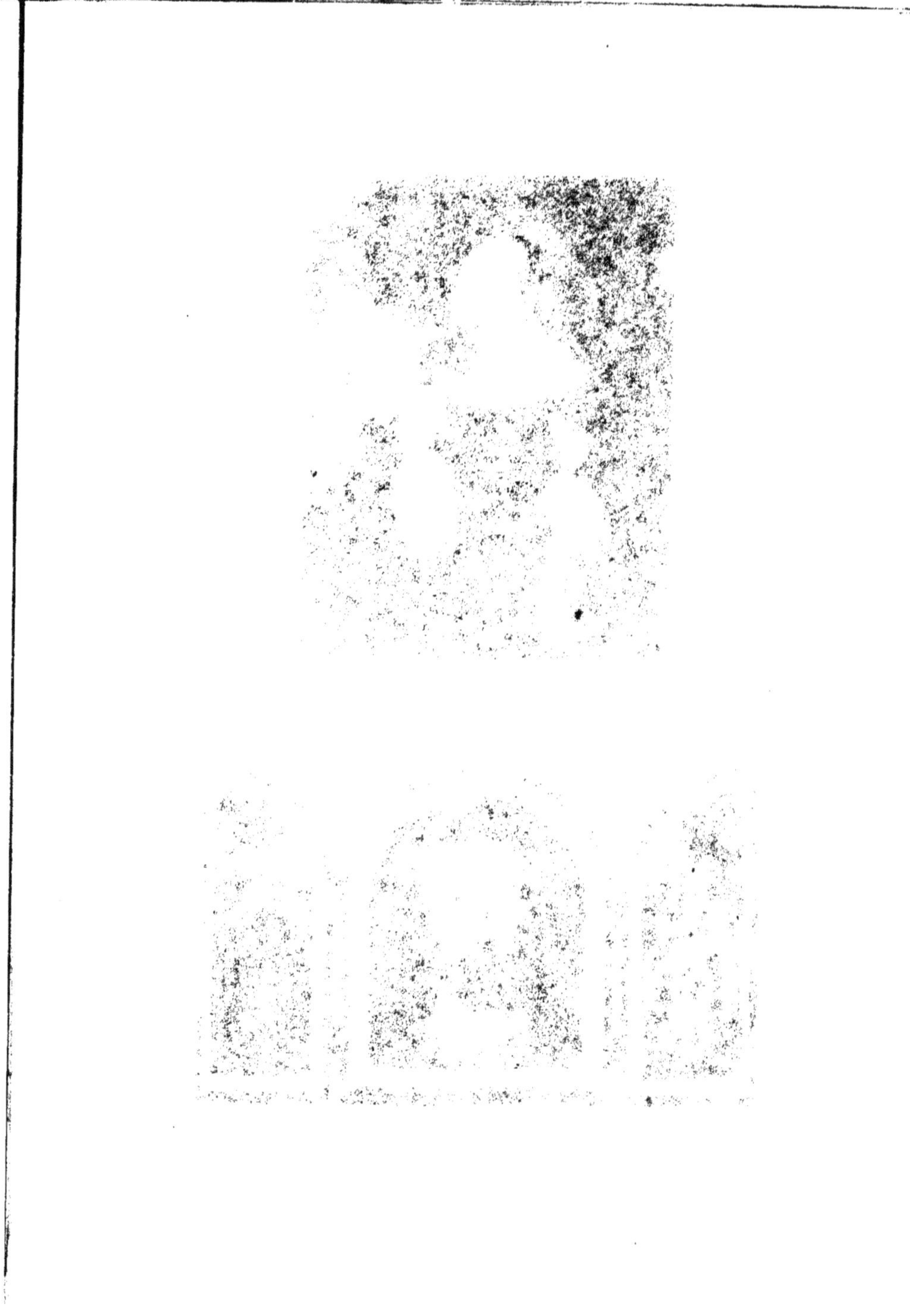

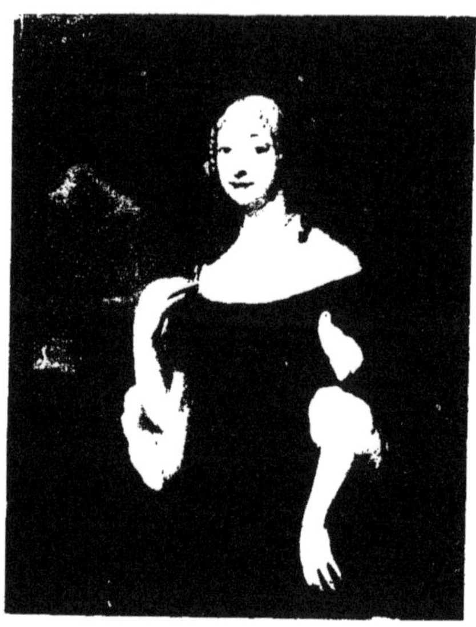

Jeune femme

École Flamande du XVI siècle

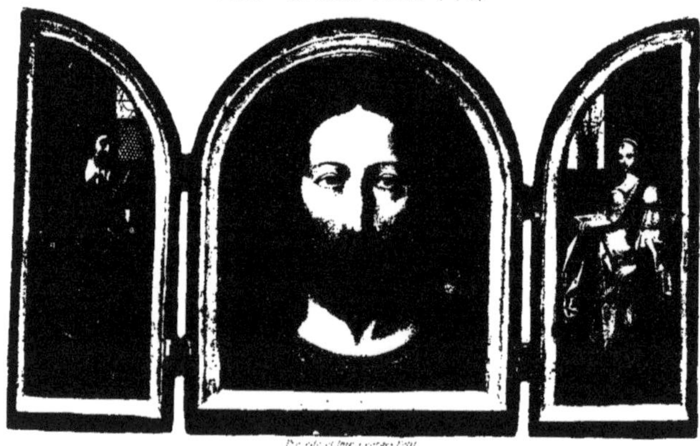

Triptyque

ÉCOLE FLAMANDE

(XVIe SIÈCLE)

8 — *Triptyque.*

Partie médiane : la tête du Christ rayonnante. Sur la bordure du vêtement, se trouve une inscription en lettres onciales.

Volet de gauche : saint Jérôme.

Volet de droite : sainte Catherine d'Alexandrie.

Partie médiane. Haut., 24 cent.; larg., 19 cent.
Volets. Haut., 25 cent.; larg., 9 cent. 1/2.
La partie haute est cintrée.

ÉCOLE FLAMANDE

(D'après T

9 — ***Décoration en camaïeu composée de cinq panneaux.***

A. *A l'auberge.*

Toile. Haut., 3 m. 85; larg., 2 m. 28.

B. *Danse champêtre.*

Toile. Haut., 3 m. 60; larg., 2 m. 76.

C. *Le Passeur.*

Toile. Haut., 2 m. 42; larg., 2 m. 79.

D. *Les Plaisirs de l'été.*

Toile. Haut., 2 m. 60; larg., 2 m. 78.

E. *Le Joueur de cornemuse.*

Toile. Haut., 1 m. 28; larg., 1 m. 02.

ÉCOLE FLAMANDE

10 — ***Le Petit joueur de romelpoot.***

Panneau. Haut., 33 cent.; larg., 28 cent.

ÉCOLE FLAMANDE

11 — ***L'Ecureuil.***

Peinture sur cuivre.

Haut., 18 cent.; larg., 23 cent.

ÉCOLE FLAMANDE

12 — ***Grenades et autres fruits.***

Peinture sur cuivre, pendant du précédent.

Haut., [illegible] cent.; larg., 23 cent.

ÉCOLE FRANÇAISE

13 — ***Vénus et Vulcain.***

Décor d'une table au vernis Martin.
Peinture ronde.

Diam., [illegible] cent.

ÉCOLE FRANÇAISE

(XVIIIe SIÈCLE)

14 — ***Le Berger entreprenant.***

Toile. Haut., 2[illegible] cent.; larg., 2[illegible] cent.

ÉCOLE FRANÇAISE

15 — ***Portrait d'une princesse.***

Toile. Haut., 40 cent.; larg., 33 cent.

ÉCOLE HOLLANDAISE

(XVIIe SIÈCLE)

16 — *Au bord de la rivière.*

Le bois est traversé par la rivière : c'est la fin de l'été. Les grands arbres ont des frondaisons dorées, qui se balancent sur l'écran du ciel illuminé, et, sur l'écorce des troncs bossués, la lumière promène des caresses d'argent. Au premier plan, au milieu, une paysanne cause avec un paysan qui conduit une bête au marché ; à gauche, un chemineau se repose, assis. Au fond, on aperçoit des bêtes en train de paître au bord de l'eau.

Toile. Haut., 73 cent.; larg., 92 cent. 1/2.

ÉCOLE HOLLANDAISE

17 — *Intérieur d'église.*

La nef centrale d'une cathédrale, avec, au fond, le maître-autel : plusieurs groupes de personnages se promènent sur le dallage en damier. Les verrières versent dans l'intérieur de l'édifice une lumière blonde.

Signé à droite, en bas : *1659*.

Panneau. Haut., 52 cent.; larg., 38 cent. 1/2.

ÉCOLE ITALIENNE

XVIIe SIÈCLE

18 — *Le Mariage mystique de sainte Catherine.*

Toile. Haut., [illegible] cent.; larg., 48 cent. 1/2.

ÉCOLE ITALIENNE

19 — *Ecce Homo.*

Peinture sur cuivre.

Haut., 17 cent.; larg., 14 cent.

HEEM

JEAN-DAVIDSZ DE

1606-1684

20 — *Les Fruits.*

Sur une console en partie cachée par une draperie de velours bleu, on a posé des grappes de raisin, des grenades, des prunes, des pommes, et, sur un plateau d'argent, un citron à demi pelé en spirale.

Signé en haut, à droite : *J. D. de Heem f., 1659.*

Toile. Haut., 47 cent. 1/2; larg., 63 cent.

ÉCOLE D'HOBBEMA

21 — *Le Moulin à eau.*

A droite, au milieu de grands arbres qui balancent leurs frondaisons épaisses sur la toiture de tuiles rouges, le moulin à eau est construit. Un meunier y porte un sac de grain. La roue est immobile. Plus en avant, du même côté, de l'autre côté de l'eau, deux personnages sont arrêtés, l'un debout, l'autre assis. Vers la gauche, des pêcheurs dans une barque remontent le courant. A la surface de l'eau frissonnent les beaux reflets des lumières qui tombent du ciel bleu, au-devant duquel s'envolent des nuées blanches. Au fond, on aperçoit un pré, parfois planté de massifs d'arbres et que le soleil blondit de sa chaude gaîté.

Panneau. Haut., 67 cent.; larg., 97 cent.

LARGILLIERRE

(NICOLAS DE)

1656-1746

22 — *Portrait présumé d'une dame de Noailles.*

Elle est vue jusqu'à mi-corps, vêtue d'un costume rose décolleté, en partie caché par un manteau de velours bleu à broderies d'or, doublé de satin blanc. Devant la partie droite de la poitrine et sur les bras découverts, joue une dentelle blanche qui borde la chemise de batiste. La figure est tournée presque de face : ovale allongé, menton rond sur un léger pli au cou, bouche aux lèvres purpurines légèrement sensuelles, nez fort et volontaire, grands yeux clairs d'un éclat tendre et aimable. Les cheveux, savamment coiffés et ornés d'un ruban brodé, débordent en bouclettes sur les tempes et en boucles sur les épaules. De la main gauche relevée, la jeune femme soulève un pan du ruban de la chevelure et, de la main droite, le bras ployé, elle retient son manteau de velours bleu, le pouce engagé dans l'échancrure du corsage, sous le sein gauche. La figure se dégage, magnifiquement éclairée, sur un fond de paysage décoratif.

Toile de forme ovale.

Haut., 90 cent. ; larg., 74 cent.

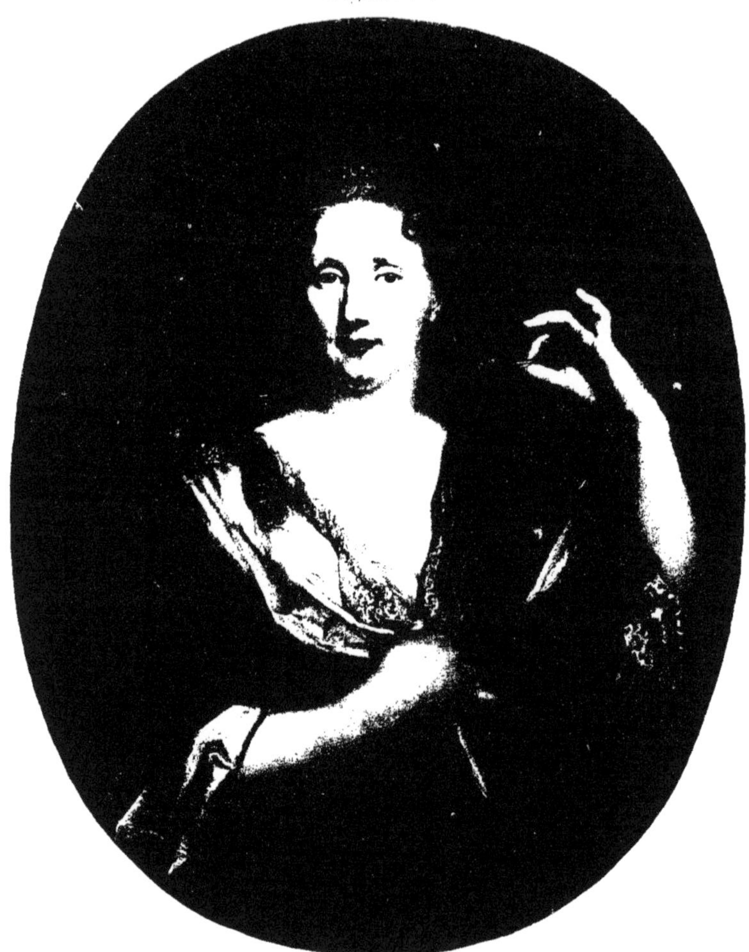

Portrait présumé d'une dame de Noailles

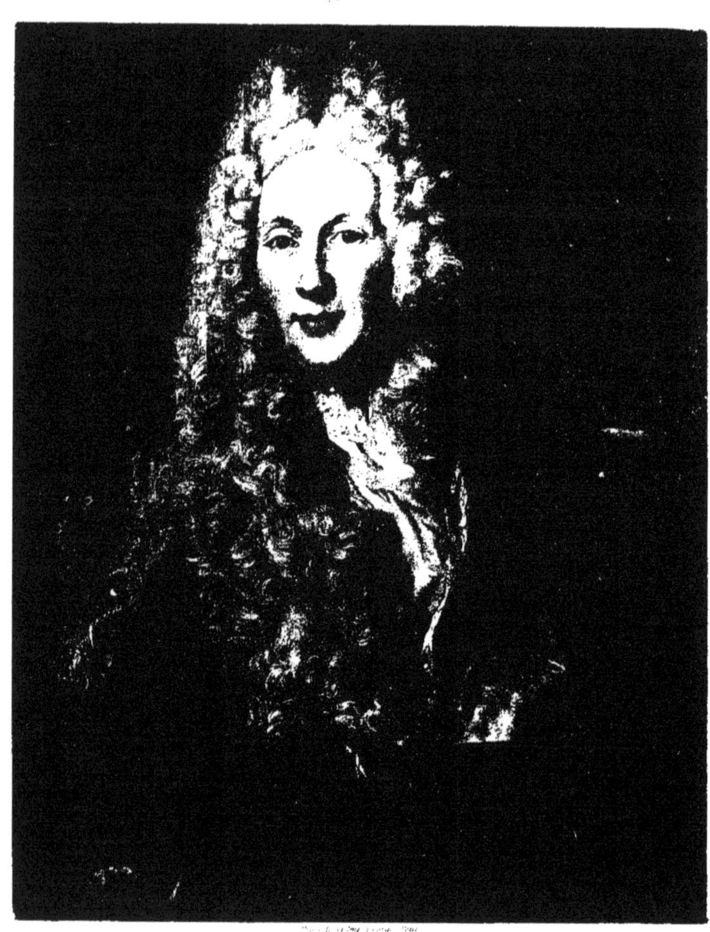

Portrait de Jean [illegible]

LARGILLIERRE

(NICOLAS DE)

23 — *Portrait de Jean Nadaul, avocat général à la Chambre des Comptes de Dijon, 1701-1779.*

Il est représenté de face, jusqu'à mi-corps, en manteau bleu doublé d'une soie brochée; son visage rose, aux traits accentués, s'encadre de la haute perruque poudrée, aux boucles tombant jusque sur la poitrine.

Toile. Haut., 82 cent.; larg., 65 cent.

LEDOUX

Mlle JEANNE-PHILIBERTE

1767-1840

24 — *Coquetterie.*

Un torse de jeune femme, dont un voile blanc protège à peine la nudité blonde et grasse. La coquette tourne la tête du côté de l'épaule gauche. D'étroits rubans bleutés se mêlent à ses cheveux blonds partagés sur le milieu de la tête et agrémentés d'un voile blanc. Un cercle d'or s'arrondit sur son bras, à la hauteur de sa poitrine nue.

Toile. Haut., 4[illegible] cent. 1/2 ; larg., 37 cent. 1/2.

MAES

(NICOLAES)

1632-1693

25 — *Portrait de jeune femme.*

Debout, vue jusqu'à mi-jambe, elle est tournée de trois quarts à gauche. Elle est vêtue d'un costume de velours noir, aux manches ouvertes sur une chemise de linon blanc. Son corsage est décolleté, un rang de perles lui tient lieu de collier. Le visage est rose; les yeux bleus ont des regards gais et tendres. Les cheveux blonds sont coiffés en bouclettes, avec une légère coiffure noire que terminent des bijoux de jais à reflets de lumière. Le bras gauche pend naturellement; la main droite se relève et retient un voile de gaze près de l'épaule droite.

La figure se détache sur un fond de rocher et, à gauche, on aperçoit un paysage mouvementé sous un ciel doré de soleil couchant.

Signé à gauche, en bas : *Maes N.*

Toile. Haut., 68 cent.; larg., 54 cent.

MURILLO

(BARTHOLOMÉ-ESTEBAN)

1618-1682

26 — *Saint Philippe.*

Il est vu jusqu'à mi-corps, debout. De la main gauche, il tient un crucifix. Il appuie sa main droite sur sa poitrine en un geste qui se donne, et il lève vers le ciel des regards extatiques. Il est vêtu de la robe blanche à capuche. La figure, aux traits accentués, se détache sur un fond sombre.

Toile. Haut., 71 cent.; larg., 58 cent.

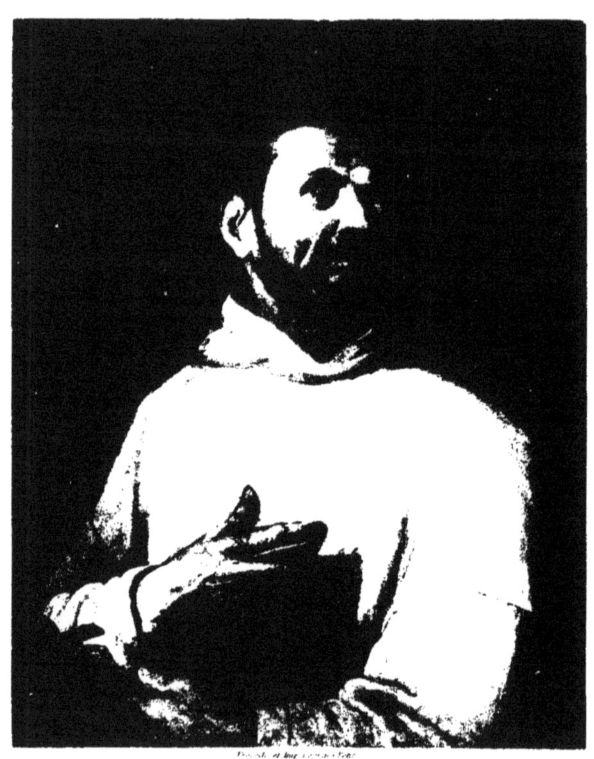

Saint Philippe

NATTIER

(JEAN-MARC)

(1685-1766)

27 — ***Portrait de Louise de France, Duchesse de Parme, en Diane.***

Elle est représentée jusqu'à mi-corps, la tête de face, légèrement inclinée vers l'épaule droite. Elle est rose : ses traits étaient un peu lourds, mais le peintre l'a rendue presque jolie.

Les cheveux, légèrement poudrés et courts, se relèvent et dégagent le front ; les yeux ne manquent pas d'esprit, la bouche est souriante ; le menton se dessine sur un pli gras du cou qui annonce une maturité prochaine. La chemise décolletée a glissé de l'épaule gauche, découvrant largement la poitrine. De ses deux mains, la jeune femme tient un arc. Et un croissant d'argent lumineux s'arrondit au-dessus de sa tête. La figure se détache sur un fond bleuté.

Toile. Haut., 66 cent. ; larg., 55 cent.

POTTER

(Attribué à PAUL.)

28 — *Étude de cheval bai.*

Il est vu de trois quarts à droite et de croupe.

Panneau. Haut., 27 cent.; larg., 29 cent.

POURBUS

(École de)

29 — *Portrait d'un écrivain.*

Debout, de trois quarts à droite, la main droite appuyée à la hanche et tenant un papier manuscrit, la main gauche pesant sur une table qui porte une écritoire et des papiers manuscrits, ainsi qu'une enveloppe de parchemin d'où s'échappent des sceaux. Le personnage est vêtu d'un pourpoint de satin noir, avec, aux manches, des rebras de batiste blanche, garnis de point coupé. Autour du cou, une fraise rigide bordée de dentelle. Il a la barbe en pointe et les cheveux châtain clair; derrière lui, un fauteuil de noyer à garniture de cuir, cloutée de cuivre. Dans le haut, à gauche, on lit : EATATES SVE *(sic)* 44 — 1630.

Toile. Haut., 1 m. 05; larg., 83 cent.

RIGAUD

(Atelier de HYACINTHE)

1659-1743

30 — *Portrait de Lebret, conseiller au Parlement de Provence.*

Il est représenté jusqu'à mi-corps, la tête tournée de trois quarts à gauche. C'est un visage jeune, qui s'encadre des boucles de la perruque poudrée. Il porte un rabat de batiste blanche sur une robe noire, et retient de la main droite un livre fermé.

Toile de forme ovale. Haut., 82 cent.; larg., 65 cent.

Nota. — Nous croyons que cette peinture est l'œuvre de Legros, élève de Rigaud.

SEGHERS

(DANIEL), dit le Jésuite d'Anvers

1590-1660

31 — *Sainte Famille.*

Dans un encadrement de fleurs et de fruits, tulipes et roses, pommes, pêches, raisins, prunes, cerises et framboises, on a réservé un médaillon où se trouve figurée une Sainte Famille.

Panneau. Haut., 1 m. 20; larg., 83 cent.

STEPHANO DE FERRARE

1419-1500

32 — *Triptyque.*

Partie médiane : *le Christ au Tombeau.*

Son corps nu, sur le linceul, est appuyé contre les genoux de la Vierge, vêtue d'un costume brun et d'une chlamyde verte. A droite, Madeleine est agenouillée, en contemplation devant le crucifié. De chaque côté de la Vierge et en arrière, on voit saint Jean et Joseph d'Arimathie. Au fond, un paysage avec le Calvaire, dominé par les trois gibets. Au premier plan, un bassin de cuivre et un broc d'eau, puis les clous. Les figures du Christ, de la Vierge et de saint Jean sont dominées soit par un chrisme, soit par un disque d'or.

Volet de gauche : *les Bergers viennent adorer Jésus.*

La Vierge est agenouillée près de la crèche, où Jésus est veillé par un ange. Près d'elle, saint Joseph tient un cierge. Devant Jésus, un berger va jouer de la cornemuse.

Volet de droite : *la Circoncision.*

Partie médiane : haut., 56 cent.; larg., 40 cent.
Volets : haut., 56 cent.; larg., 17 cent.

La partie supérieure est plurilobée.

TENIERS LE JEUNE

(École de DAVID)

1610-1690

33 — *Buveurs à l'auberge.*

A gauche, autour d'une table, des buveurs et des mangeurs sont assis. Il y a même un jeune godelureau qui caresse amoureusement le menton d'une maritorne. A droite, dans la salle, près de la porte, un violonneux, monté sur un tonneau, fait danser un couple, qui remplace la grâce par de la joie. Derrière les danseurs, des gens sont attablés.

Toile. Haut., 66 cent. 1/2 ; larg., 1 mètre.

TENIERS

(ÉCOLE DE)

34 — *La Joie à la porte de l'auberge.*

A gauche, devant la porte de l'auberge, ils mangent assis à une table, ils flirtent à pleines mains, ils dansent aux accents d'un violon et d'une basse de viole et même parfois ils se bousculent. L'auberge est à l'enseigne de Saint Roch. Des arbres mettent de l'ombre sur le terrain et, vers la droite, au-dessus de la campagne où l'on voit des maisonnettes, des moulins, puis, à l'horizon, des collines, il y a un ciel clair où s'envolent des nuages légers.

Peinture sur cuivre.

Haut., 57 cent.; larg., 74 cent.

VERHAGEN

(P.-L.)

1728-1811

35 — *La Nouvelle esclave.*

Signé en bas, vers la gauche : *P.-L. Verhagen f. 1800.*

Toile. Haut., 95 cent.; larg., 71 cent.

WATTEAU

(D'APRÈS)

36 — *Personnages de comédie.*

Panneau. Haut., 24 cent.; larg., 30 cent.

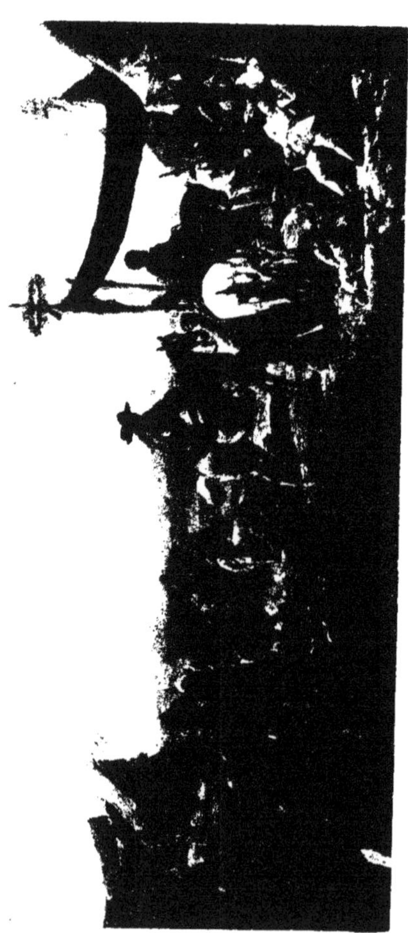

WOUVERMANS

(PHILIPPE)

1620-1668

37 — *Le Camp.*

Dans la campagne, des hommes d'armes ont installé leur campement. A droite et à gauche, des tentes. Des paysans y ont amené des chargements de réquisitions, mais voici qu'un trompette sonne pour le départ. Déjà quelques chefs sont en selle. A droite, au premier plan, un homme d'armes, en état léger d'ébriété, demeure assis sur des caisses et serre galamment la main d'une maritorne. Devant eux, un gamin joue avec un chien. Au-devant du ciel d'azur planent de grands nuages blancs.

Signé en bas, vers la gauche, du monogramme : *P. W.*

Panneau. Haut., 62 cent.; larg., 82 cent.

Courbet 9

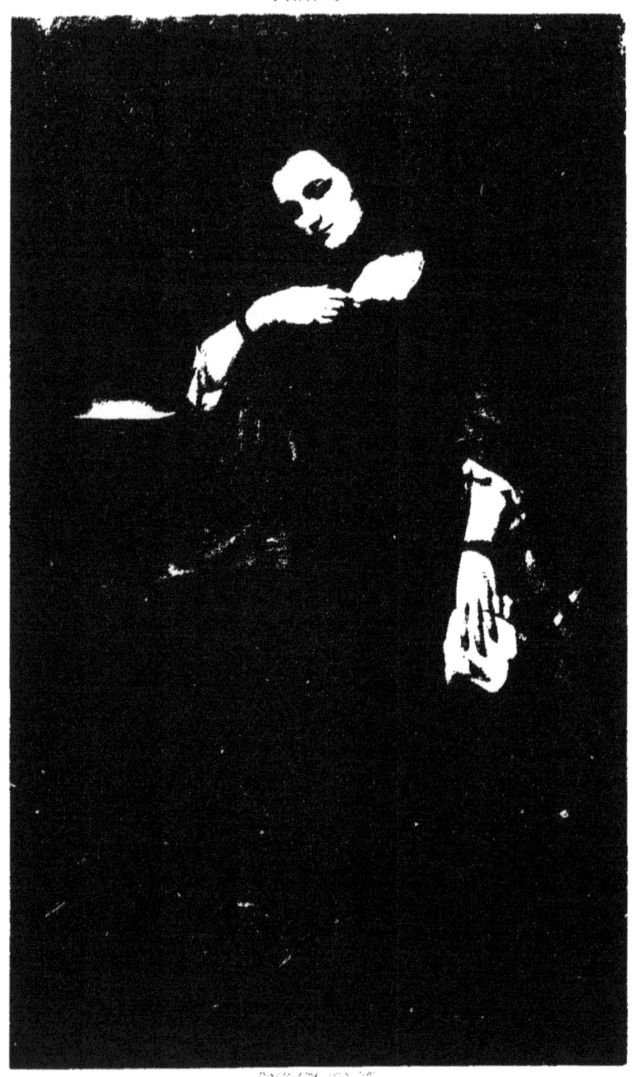

Portrait de Madame Cuoq

Tableaux Modernes

COURBET

GUSTAVE

1819-1877

38 — *La Femme à la main gantée (Portrait de Mme Croq).*

Elle est assise, de trois quarts à gauche, accoudée du bras droit sur une table de style Louis XVI ; elle est vêtue d'un costume de soie noire à volants, dont le corsage est décolleté en carré. Le bras gauche pend naturellement, la main tenant un mouchoir blanc ; le bras droit est ployé ; la main, gantée de gris perle, est ramenée au devant du corsage, et le médius joue avec la bride d'une fanchon de dentelle noire qui couvre les cheveux châtains. La tête est inclinée vers l'épaule droite. Les traits sont d'une joliesse un peu appuyée, bouche fine, nez fort, regard calin, épiderme rosé et moelleux sur une ossature puissante. Un petit bouquet de violettes est piqué au devant du corsage. La jeune femme porte en écharpe un châle vert à bande rose.

dont les pans sont retenus sur les deux bras. Des perles de corail enfilées lui tiennent lieu de bracelets. Les pieds chaussés d'escarpins mordorés, à nœuds de ruban, sont surélevés sur un tabouret d'acajou garni d'une étoffe verte. Sur la table, un boa de fourrure. Dans le fond, à droite, une draperie relevée. La figure se détache sur un fonds gris.

Toile. Haut., 1 m. 75 ; larg., 1 m. 10.

Lorsque, il y a quelques années, à l'Exposition des portraits de femmes, organisée par la Société Nationale, à Bagatelle, on vit paraître cette œuvre, dont peu de personnes se souvenaient, ce fut dans le public un cri d'unanime admiration. Il semble que Courbet y ait réalisé tout ce qu'il voulait, et il ne sera pas inopportun de rapporter l'exposé de la théorie du peintre, telle que l'a formulée, d'après Prud'hon, le regretté Georges Riat, dans le beau livre qu'il a consacré au peintre et à l'ami [1] :

« Son objet, c'est *l'idéal*. Réalisme et idéalisme sont devenus des mots presque inintelligibles. Le réel et l'idéal, chez l'artiste, sont inséparables. L'idéal est ce qui est conforme à l'idée, ou y a rapport. L'idée est la notion typique, spécifique, génésique, que l'esprit se forme d'une chose, abstraction faite de toute matérialité. Donc, l'idéal indique une généralisation, non une réalité, le contraire de l'individu observé tel, par conséquent une antithèse du réel. De plus, l'idée est le type pur, parfait, la perfection, l'absolu. L'idéal est donc la forme parfaite qui se révèle à nous en tout objet, et dont cet objet n'est qu'une réalisation plus ou moins approchée. Cet idéal, n'existant pas, ne peut être représenté et se peindre. Mais alors, quel sera l'emploi de cet idéal, dont il est l'objet ?

» L'artiste fera comme la nature, qui donne des réalisations particulières d'après des types en idéaux qui sont en elle : il la continue en produisant à son tour des images d'après certaines idées à lui qu'il désire nous communiquer. L'art, ainsi, est essentiellement concret, particulariste et déterminatif, comme la nature ; c'est grâce à ces formes concrètes qu'il inculque plus profondément le sentiment du beau et du sublime, l'amour de la perfection, l'idéal. Il est donc *une représentation idéaliste de la nature et de nous-même, en vue du perfectionnement physique et moral de notre espèce.* »

1. *Gustave Courbet, peintre*. Floury, éditeur.

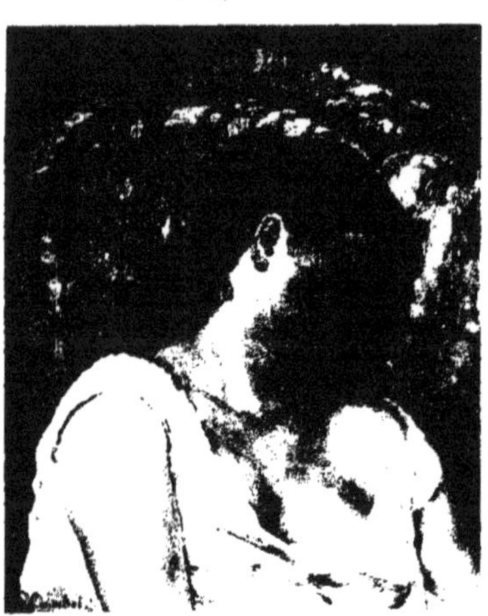

Femme endormie

Courbet

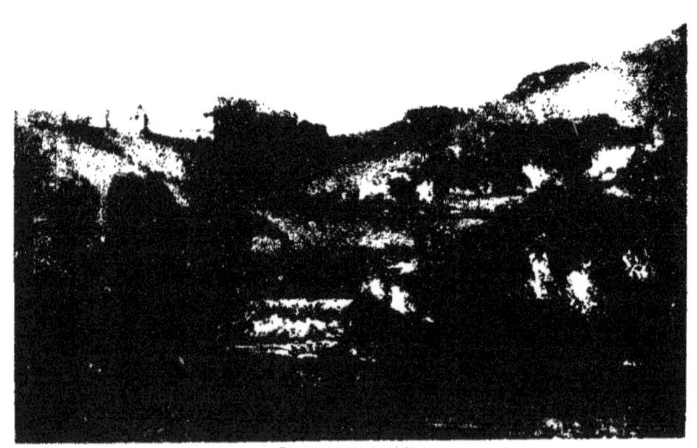

[illegible] aux environs d'Ornans

COURBET

(GUSTAVE)

39 — *Femme endormie.*

Sur un fauteuil, la femme, vue jusqu'à mi-corps, s'est endormie. De sa chemise blanche qui baille, émergent ses bras forts et sa gorge puissante et lourde. La femme, dont la maturité s'affirme par des tons rouges et une chair encore frémissante, a des cheveux fauves qui tombent en tresse derrière l'épaule droite.

Signé à gauche, en bas : *G. Courbet.*

Toile. Haut., 55 cent.; larg., 46 cent. 1/2.

COURBET

(GUSTAVE)

40 — *Cascade aux environs d'Ornans.*

Signé à gauche, en bas : *G. Courbet.*

Toile. Haut., 45 cent.; larg., 65 cent.

COURBET

(GUSTAVE)

41 — *Les Grottes.*

Signé à gauche, en bas : *G. Courbet.*

Toile. Haut., [illegible] cent. ; larg., [illegible] cent.

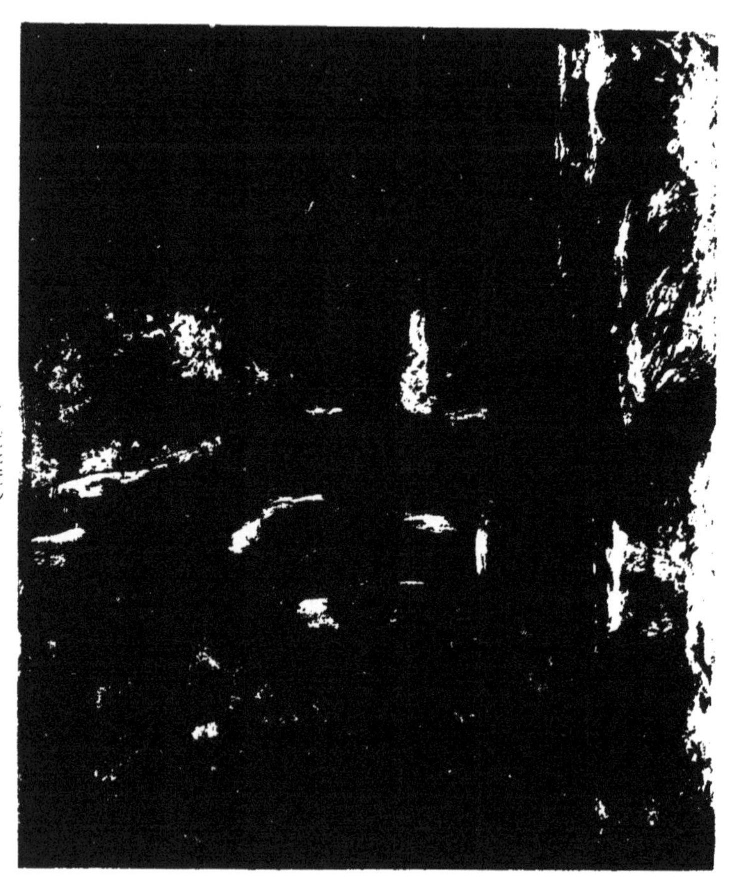

CRŒGAERT
(GEORGES)

42 — *La Femme aux sequins d'or.*

Signé à gauche, en bas : *Georges Crœgaert, Paris 1888.*

Panneau. Haut., 37 cent. 1/2; larg., 25 cent.

CRŒGAERT
(GEORGES)

43 — *La Jeune femme au voile de gaze*

Signé à gauche, en bas : *Georges Crœgaert, Paris 1886.*

Panneau. Haut., 28 cent.; larg., 2[illegible] cent.

CRŒGAERT
(GEORGES)

44 — *Profil d'une beauté blonde.*

Signé à gauche, en bas : *Georges Crœgaert, Paris 1886.*

Panneau. Haut., 28 cent.; larg., 23 cent.

DAUBIGNY
(CHARLES)
1817-1878

45 — *Panorama de ville.*

Dessin au crayon avec des reprises de plume, sur papier maïs.

Signé à droite, en bas : *Daubigny.*

Haut., 12 cent.; larg., 11 cent.

DESCHAMPS

(LOUIS)

46 — *Orpheline en prières.*

Elle est vêtue de noir et se tient debout, les yeux baissés, presque de face, derrière sa chaise dont le dossier sert d'appui à ses deux mains qui tiennent un livre de messe à reliure rouge.

Signé à gauche, en bas : *Louis Deschamps, 1886.*

Toile. Haut., 56 cent.; larg., 40 cent.

DESCHAMPS

(LOUIS)

47 — *La Fillette à la robe grise.*

Signé à droite, en bas : *Louis Deschamps, 1889.*

Toile. Haut., 1 m. 12 ; larg., 73 cent.

DILLENZ

(ADOLF)

48 — *Les Patineurs.*

Signé à gauche, en bas : *Adolf Dillenz.*

Panneau. Haut., 65 cent.; larg., 49 cent.

ÉCOLE FRANÇAISE

(XIXe SIÈCLE)

49 — *La Femme aux fleurs.*

La Femme aux fruits.

Deux pendants.

Pastels.

Haut., [illegible] cent., larg., [illegible] cent.

ÉCOLE FRANÇAISE

50 — *Lever de lune sur la rivière.*

Panneau. Haut., [illegible] cent. 1/2; larg., 22 cent. 1/2

ÉCOLE FRANÇAISE

51 — *L'arc-en-ciel au-dessus des pommiers en fleurs.*

Toile. Haut., [illegible] cent.; larg., [illegible] cent.

HENNER

(JEAN-JACQUES)

1829-1905

52 — *La Belle Créole.*

Elle est représentée la tête tournée de profil à gauche, le nez fin, la bouche rose et sensuelle, le menton volontaire, l'œil clair où palpite le rêve, l'oreille spirituelle dans l'ombre des cheveux châtains à reflets fauve ardent. Le torse est vêtu d'une draperie de velours grenat, qui dégage délicatement le haut de la poitrine et l'épaule droite. Le cou, d'un galbe pur, porte la tête avec une élégance suprême. La figure se détache pleine de lumière sur un fond sombre.

Signé à droite, en haut : *J.-J. Henner.*

Toile. Haut., 56 cent. ; larg., 39 cent.

Lorsque en 1887, Henner exposa, sous le titre de : *Une Créole*, le profil de Mme de V..., le succès fut tel que l'État demanda, pour le Luxembourg, l'œuvre que l'on tenait déjà pour un chef-d'œuvre.

Mais ce portrait était la propriété du modèle. Henner demanda à Mme de V... de lui laisser vendre à l'État l'œuvre exposée au Salon, lui promettant de la refaire intégralement : il en fut ainsi, comme le prouvent les deux lettres du maître, dont nous tenons à donner ici la copie.

Première lettre : le timbre de l'enveloppe est oblitéré du 2 juillet 1887 :

« Chère madame,

» Voilà l'exposition finie. Je suis à votre disposition pour refaire votre portrait, comme celui du Salon, j'espère mieux.

» Quand pourrez-vous venir? Veuillez, je vous prie, me faire un signe, et recevez en attendant mes compliments les plus affectueux.

» Votre dévoué,

» J.-J. Henner. »

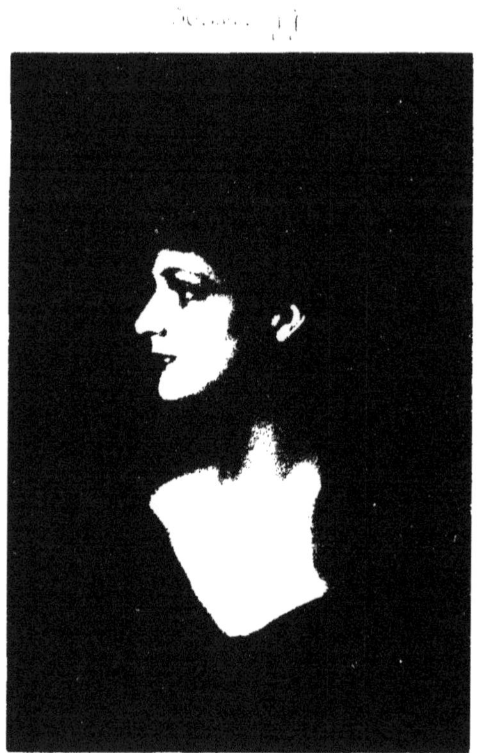

Seconde lettre ; timbre oblitéré du 25 avril 1888 :

« Chère madame,

» J'ai, en effet, été malade depuis mon retour à Paris. Je regrette infiniment de vous avoir manquée. Je vais mieux maintenant et j'ai passé devant chez vous hier soir.

» Vous savez qu'on copie votre portrait au Luxembourg. Je sais que ce n'est pas le moment de vous demander encore une petite séance pour le second portrait, mais il est presque fait.

» Je vous envoie mille bons compliments et j'espère aller vous voir au premier jour.

» Votre bien dévoué,

» J.-J. Henner. »

Par le portrait qui est ici catalogué, on peut juger que le maître tint parole : l'œuvre, refaite entièrement d'après son modèle, est de tous points égale à celle du Luxembourg, si elle ne lui est supérieure, ainsi qu'Henner l'avait promis.

Et c'est depuis lors que le tableau fut généralement désigné : *la Belle Créole.*

LEYS

Attribué à

53 — *Plantin et Érasme dans l'imprimerie.*

Debout dans l'imprimerie, Plantin montre à Érasme une épreuve qu'un apprenti vient d'apporter ; à gauche, les correcteurs s'arrêtent de leur travail pour écouter les deux maîtres ; à droite, un ouvrier imprimeur se retourne, tandis que de la main gauche il tient encore un volant de sa presse à bras. Par les verrières de la haute salle, on aperçoit le clocher de la cathédrale d'Anvers.

Panneau. Haut., [illegible] cent. ; larg., 47 cent. 1/2.

ROBERT-FLEURY

JOSEPH-NICOLAS

1797-1890

54 — *Un membre du Conseil des Dix.*

Il est assis, en robe grenat, s'appuie de la main droite sur une table couverte d'un tapis vert, et retient sur son genou, de la main gauche, un gros livre.

Signé à gauche, en bas : *Robert-Fleury, 1849.*

Panneau. Haut., 54 cent. 1/2 ; larg., [illegible] cent.

SCHNEITZ

École de JEAN-VICTOR

([illegible])

55 — *Tête d'expression.*

[illegible] Haut., [illegible] cent.; larg., 42 cent. [illegible]

TSCHAGGENY

56 — *Étude de cheval.*

De profil à droite.

Signé à gauche, en bas : *C. Tschaggeny, 1842.*

Toile. Haut., [illegible] cent.; larg., [illegible]

VOILLEMOT

CHARLES

Né en 18[illegible]

57 — *L'Escarpolette de l'Amour.*

Signé à gauche, en bas : *Ch. Voillemot.*

Aquarelle.

Toile. Haut., [illegible]; larg., [illegible]

VOILLEMOT

(CHARLES)

58 — *Celui-là.*

Aquarelle.

Haut., [illegible] cent.; larg., [illegible] cent.

Salon de 1887, sous le n° 3557.

VOILLEMOT

(CHARLES)

59 — *La Dormeuse coquette.*

Signé à gauche, en haut : *Ch. Voillemot.*

Aquarelle.

Haut., 78 cent.; larg., [illegible] cent.

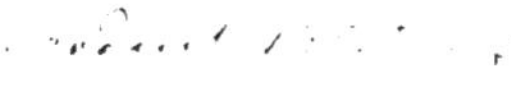

www.ingramcontent.com/pod-product-compliance
Ingram Content Group UK Ltd.
Pitfield, Milton Keynes, MK11 3LW, UK
UKHW020341180726
13839UKWH00002B/843

9 782329 518381